LE NUMÉRO : 10 C. — NUMÉRO 1.

LE SPECTACLE

SOUVENIR DE LA PIÈCE

La critique est aisée et l'art est difficile.
Destouches (LE GLORIEUX, acte II, scène V.)

PATRIE!

DRAME HISTORIQUE EN CINQ ACTES ET HUIT TABLEAUX

DE M. VICTORIEN SARDOU

Représenté pour la première fois, le 18 mars 1869, à la Porte-Saint-Martin.
Repris le 12 octobre 1872, au Châtelet.

Le Comte de Rysoor..	MM. DUMAINE.
Karloo Van der Noot.	P. DESHAYES.
Le Duc d'Albe......	CHARLY.
La Trémouille.......	ANGELO.
Rincon..............	LATOUCHE.
Jonas...............	L. NOEL.
Noircarmes..........	DONATO.
Vargas..............	JOUANNI.
Delrio..............	DANJOU.
Le Prince d'Orange..	COULOMBIER.
Maître Alberti.......	GUIMIER.
Miguel..............	COURTÈS.
Navarra.............	E. WORMS.
Galena..............	VALBEL.
Cornelis............	BRUANT.
Bakkerseel..........	J. WORMS.
Maître Charles.......	MARCHAND.
Perez...............	RIVET
Domingo.............	ACHILLE.
Cortadilla..........	MONET.
Un Pasteur évangéliq.	MM. THIERRY.
Un Brasseur.........	»
Un Espion...........	THÉOL.
Un Tavernier........	»
Un Enseigne.........	RIVET.
Un Héraut...........	CHARLES.
Un Vieillard........	BEUZEVILLE.
Un Officier.........	GUIMIER.
Un Officier.........	AUGUSTE.
Un Soldat...........	ROBLIN.
Un Majordome........	PAUL.
Dolorès.............	Mmes DUGUÉRET.
Dona Raphaël........	JEANNE-MARIE
Sarah Mathisoon.....	LACROIX.
Josuah Koppestoock..	THÉOL.
Gudule..............	JULIETTE
Carmelita...........	CHARLY.
Une Ribaude.........	MESSINI.
Une Femme du peuple.	VERDER.
Un petit Garçon......	La petite DARBEL.

CETTE ANALYSE DE PATRIE

SERA VENDUE

Au Bénéfice

DES ALSACIENS-LORRAINS

Pour tout ce qui concerne l'Administration et la Rédaction du journal s'adresser, par lettre, à M. STUDEO, rue Amelot, 64.

On trouve ce numéro à la porte du théâtre du Châtelet et aux kiosques environnants.

Paris. — Typographie Morris père et fils, rue Amelot, 64.

I

Quiconque exprime ses idées à la tribune, sur la scène ou par la presse, fait œuvre d'enseignement ; en effet, il s'adresse à la foule, et, qu'il le veuille ou non, il en élève ou en abaisse le niveau moral, selon qu'il agit sur elle en bien ou en mal. Le choix du sujet mérite donc éloge ou blâme, et c'est à cette appréciation que sera consacrée la première partie de ce journal. Quelle est l'idée mère du drame qui nous occupe? Nous n'avons pas à la chercher : l'auteur l'a inscrite en tête de son œuvre dans ce titre : « Patrie ! » Qu'est-ce que la patrie ? Le dictionnaire répond : « Le lieu où on est né » ; et, quelques lignes plus bas : « La Laponie est la patrie du Renne. » La définition est vraiment trop générale et ne correspond en aucune manière aux sentiments de reconnaissance, d'amour et de dévouement qu'inspire la patrie ; aussi, à notre avis, est-elle bien moins dans le sol que dans la réunion de toutes les familles poursuivant le même but, ayant les mêmes lois et jouissant des mêmes libertés ; ceci est tellement exact, que plus le but commun sera noble, plus les lois seront douces, plus les libertés seront grandes et plus l'amour de la patrie enflammera les cœurs ! En un mot, pour nous, la patrie c'est la grande famille, et en elle se résument tous nos devoirs. Prendre pour sujet d'un drame tous les sacrifices qu'elle est en droit d'exiger de ceux dont elle a fait des hommes, c'est faire un excellent choix et nous en félicitons l'auteur : un immense succès l'a justement récompensé ; nous nous en réjouissons, car il l'a triplement mérité en faisant œuvre d'habile dramaturge, d'honnête homme et d'ardent patriote.

II

Plus une idée est remarquablement développée, plus son effet sur les masses devient considérable ; par suite, il importe, si l'idée est mauvaise, de démontrer par quelle dangereuse habileté l'auteur a pu égarer le sentiment public ; si, au contraire, elle est bonne, d'examiner s'il en a tiré tout le parti possible. Nous allons donc étudier dans ce chapitre si le choix des personnages de *Patrie* et le nœud qui les unit sont bien les plus propres à faire ressortir toute la beauté du sujet.

L'action se passe à Bruxelles en 1568, et l'auteur emprunte à l'histoire une partie des personnages qu'il met en scène. Dans le lointain, l'ombre tragique de Philippe II qui, de Madrid, terrifie les Flandres et fait du duc d'Albe, glorieux vainqueur de Mulberg, le farouche tyran que chacun connaît ; autour du duc, gravitent, sombres satellites, Noircarmes, Vargas, Delrio, sinistres coquins échappés à la corde et devenus espions, spoliateurs et bourreaux et, au milieu de cette nuit, un rayon, Rafaële, douce, pâle, angélique figure, au chevet de laquelle, comme un autre Cromwell, le duc d'Albe est assis ; il donnerait tout pour sauver cette enfant qu'il adore et il la pousse lui-même dans la tombe par l'effroyable vision des cruautés, des massacres, des horreurs qu'il ordonne chaque jour. Nous avons vu le côté de l'ombre, voici maintenant celui de la lumière : C'est le prince d'Orange, héros magnanime conspirant pour rendre à sa patrie l'indépendance ; c'est Rysoor, c'est Karloo van der Noot, fiers gentilshommes s'armant pour soutenir la gloire de leurs ancêtres ; c'est Galéna, Bakkerzeel, Cornélis, héroïques bourgeois combattant pour rétablir les lois qui protégent leurs familles ; enfin, c'est Jonas, c'est tout un peuple luttant et mourant pour se venger des outrages dont on l'abreuve chaque jour ; et au milieu de cette mêlée, la Trémouille, juge désintéressé personnifiant les divers sentiments qui agitent le public, dispense à chacun le blâme et l'encouragement et renouvelle ainsi, sous une forme gracieuse, spirituelle, chevaleresque, le rôle du chœur dans la tragédie antique.

Tous ces personnages sont admirablement choisis pour mettre en plein jour l'idée de l'auteur, et celui de la Trémouille est une de ses plus heureuses créations.

Examinons maintenant le nœud de la fable : il est tout entier dans le rôle de Dolorès qui, pour sauvegarder Karloo, son amant, livre au duc d'Albe et le secret de son adultère et Rysoor son époux, et la liberté des Flandres. Quoi, l'adultère, cette négation de la famille, sera le pivot de ce drame où toutes les vertus du foyer devraient être exaltées ! n'est-ce pas placer un tableau à contre-jour, couvrir une statue d'un voile épais, mêler l'eau de la mer à la plus exquise liqueur ! En vain l'auteur en tirera-t-il l'admirable scène où Rysoor pardonne, il a introduit dans son œuvre un odieux parasite qui la souille. Il s'agissait de montrer pourquoi ce peuple était prêt à tous les sacrifices pour recouvrer sa liberté ; il fallait donc, à côté de la désolation générale et pour la rendre plus sensible, accumuler sur une vertueuse famille les souffrances, les outrages, les angoisses dont toutes les autres étaient atteintes ; c'est ainsi que Schiller, traitant le même sujet, a fait un chef-d'œuvre : *Guillaume Tell*. Pourquoi M. Sardou n'a-t-il pas suivi cette donnée qui découle du sujet même, et a l'immense avantage d'offrir de sympathiques caractères ? C'est que, changeant de genre, il est demeuré fidèle à son procédé dramatique habituel qui consiste à coudre à son sujet une action qui lui est complétement étrangère ; témoin encore sa dernière pièce, *Rabagas*. D'où vient qu'il persévère dans cette méthode ? C'est qu'avant tout il veut produire vite ; or, en doublant l'action, il multiplie les scènes et complète ainsi plus rapidement les actes; du reste, cette vitesse de production lui paraît si nécessaire, qu'on est tenté de croire, en maints endroits de son œuvre, qu'il se relit à peine. Qu'importe, se dit l'auteur, le succès est ma meilleure réponse. — Oui, Monsieur, on vous applaudit, et avec justice, car votre drame est admirablement charpenté; vous avez tiré de votre fable tous les effets scéniques possibles ; parfois même, dans votre œuvre, passe un souffle shakespearien et c'est pour cela que le public s'étonne qu'ayant vaincu les plus grands obstacles et pouvant monter plus haut, vous vous arrêtiez dans votre marche et vous contentiez de ses applaudissements lorsqu'il vous tresse une couronne.

III

PREMIER TABLEAU

Toute idée émise, produisant le bien ou le mal, peut être comparée au double tranchant d'un glaive; la forme qu'elle revêt, à la trempe qui développe ou dénature les qualités de l'acier; il ne nous reste donc plus à étudier que la solidité de la monture, le détail de la ciselure, enfin l'art avec lequel la lame est damasquinée. C'est ce que nous allons faire par l'analyse des principales scènes de *Patrie!*

Des soldats espagnols, ou plutôt des bandits, écume de tous les peuples, sont campés sur la place du Vieux-Marché, à Bruxelles; ils font une effroyable orgie au milieu de femmes sans nom, et le crépitement lointain de la fusillade se mêle sinistrement aux chansons obscènes, aux cris d'ivresse, aux odieux blasphèmes de cette soldatesque infâme. De toutes parts des meubles brisés, des tonneaux défoncés où chacun puise, des monceaux d'objets de toutes sortes, fruits du pillage, au milieu desquels passent de longs convois de condamnés; tel est le spectacle qui se déroule sous nos yeux lorsqu'on amène de nouveaux prisonniers, parmi lesquels se trouvent la Trémouille et Rysoor. Celui-ci raconte les horreurs qui ensanglantent la campagne et complète ainsi ce terrifiant tableau, effroyable page de l'histoire des Pays-Bas, dans laquelle l'auteur, avec une dextérité merveilleuse, expose le caractère des différents personnages qui joueront un rôle dans ce sombre drame. Au récit succède l'action: Noircarmes, Vargas, Delrio, trio sinistre s'improvisant en tribunal, condamnent successivement à mort un marchand, un pasteur, une femme, un enfant et frappent ainsi ce peuple dans ses intérêts, sa foi, son honneur, sa liberté. Comme le rire touche aux pleurs, le plaisant au tragique, la scène s'achève par l'aventure singulière du clairon Cortadilla qui, faute de la langue qu'une balle lui a enlevée, abuse de son instrument de cuivre pour exiger que son hôte lui donne son pain, son vin, son lit et jusqu'à sa femme; le pauvre mari fait rire et a la vie sauve ainsi que Rysoor, dont l'interrogatoire prépare habilement les scènes qui vont suivre. Ce tableau, simple, vigoureux et puissant, impressionne profondément le spectateur qui prend ainsi fait et cause pour ce peuple si horriblement tyrannisé; félicitons donc l'auteur de cette exposition, une des plus remarquables du drame moderne.

IV

DEUXIÈME TABLEAU

Nous sommes chez Rysoor, dans une salle décorée de hautes boiseries sculptées et de vieilles tapisseries flamandes qui reproduisent la gloire des ancêtres. Le spectateur, en voyant cet intérieur sévère, en respirant dans cette atmosphère de loyauté et d'honneur, se dit : L'auteur, après les crimes de l'oppresseur, va nous montrer sans doute toutes les vertus de la famille dans lesquelles l'opprimé puise son devoir, son espérance et sa force ; hélas ! au lieu de ce touchant tableau, c'est l'adultère qu'on nous offre dans toute son horreur. Karloo et Dolorès sont en présence : elle, entravée dans sa passion, forme des vœux impies pour voir briser sa chaîne ; lui, accablé de remords, veut s'éloigner pour toujours ; mais, enivré par l'amour de cette femme, il retombe à ses pieds. En vain, cette scène prise en elle-même est-elle admirable, le public n'y est pas préparé, il sent qu'on l'égare, qu'on commence une nouvelle pièce et, tout enflammé par le premier tableau, il ne s'intéresse pas à celui-ci, il demande qu'on lui joue *Patrie.* En vain l'auteur, pour rentrer dans son sujet, nous montre-t-il Rysoor et Karloo parlant du complot formé pour délivrer les Flandres ; le funeste secret qui pèse entre eux empoisonne toute espérance. En vain, pour nous émouvoir, renouvelle-t-il la tragique scène du mari de la femme adultère, Rysoor, si admirable au premier tableau, n'a plus ici conscience de lui-même ; cette fière et généreuse nature n'est plus dans son milieu, il est si loin de son noble but qu'un instant il reste sans voix devant l'adultère relevant audacieusement la tête. Aussi, lorsque Dolorès reproche à son mari de l'aimer moins que la patrie et qu'il lui répond : « Ah ! je n'essayerai même pas de vous faire comprendre qu'elle (la patrie) et vous (la famille) c'est une seule et même chose, » le public, s'expliquant moins que jamais pourquoi l'auteur a introduit l'adultère dans sa pièce, accueille-t-il avec froideur cet acte, malgré ses qualités dramatiques.

V

TROISIÈME TABLEAU

L'auteur nous offre ici un tableau dans la véritable acception du mot, c'est-à-dire une suite de scènes dont l'effet sera beaucoup moins dans le dialogue et l'explosion des sentiments que dans les décors et le jeu muet des acteurs. Cette forme dramatique, résidant tout entière dans le trouvé artistique, n'est certainement pas une des plus élevées de l'art, mais elle présente des beautés particulières très-curieuses à observer.

Il est nuit et la terre est couverte de neige ; Rysoor et les conjurés se rencontrent avec le prince d'Orange dans les fossés extérieurs des remparts de Bruxelles ; nous sentons qu'au milieu de périls de toutes sortes il va se décider de grandes choses pour le salut de la patrie, aussi suivons-nous avec un vif intérêt le plan de délivrance qui s'élabore devant nous.

Tout est convenu et le succès semble assuré, lorsqu'on signale deux patrouilles espagnoles : les conjurés, résolus, au péril de leur vie, à sauver le prince, mettent l'épée à la main, mais celui-ci leur ordonne de se dissimuler. La première patrouille apparaît ; soudain les Islandais qu'a amenés d'Orange s'élancent à plusieurs sur chaque Espagnol et avant qu'aucun d'eux ait pu pousser un cri, ils sont désarmés, étranglés et précipités dans un immense fossé où le duc d'Albe faisait jeter ses victimes. Scène étrange, silencieuse et terrible, qu'on ne saurait oublier tant elle saisit profondément l'imagination ! L'auteur, dramatisant ainsi ce tableau par le danger croissant des conjurés, ne pouvait mieux nous convaincre de la réussite du complot qui avait de tels hommes pour l'exécuter. Je ne crois pas qu'il existe au théâtre un tableau plus achevé que celui-ci, les meilleurs talents ayant presque tous échoué aux difficultés de cette forme dramatique. Honneur donc à l'auteur d'avoir si admirablement réussi en nous montrant son talent sous une nouvelle forme!

VI

QUATRIÈME TABLEAU

Près de l'immense cheminée de la salle du Conseil, le duc d'Albe, silencieux et morne, est assis. Il gouverne par la terreur, il ne peut chasser de son cœur l'anxiété ; il soudoie la trahison, on le trompe par de faux rapports ; il paye des espions ; Delrio, Vargas l'espionnent lui-même et s'espionnent entre eux ; autour du tyran règnent donc la crainte, le mensonge et la délation, prodigieusement vivifiés dans cette première scène, qui fait un saisissant contraste avec le rendez-vous des conjurés, tout rempli de confiance, de loyauté et de dévouement. Ici se trouve une admirable situation: Rafaële mourante est placée entre son père et Karloo, qui le brave ; elle a été protégée par ce dernier un jour d'émeute, elle le sauve à son tour de la colère du duc, et s'évanouit en voyant s'éloigner pour jamais celui qu'elle aime au fond du cœur. Je regrette vivement que l'auteur n'ait pas accentué davantage cet amour de Rafaële pour Karloo et n'en ait par fait le lien de son drame : il en eût tiré de merveilleux effets et évité, unissant davantage les intérêts des divers personnages, une multiplicité d'actions qui sera de plus en plus sensible. L'exposition est achevée, nous arrivons au nœud de la pièce ; il faut voir jouer la splendide scène qui suit pour comprendre comment l'auteur a pu résoudre l'effrayant problème dramatique que voici: Faire supporter au public une épouse coupable, qui, pour conserver son amant, vient livrer son mari à la mort ; et non-seulement M. Sardou a vaincu cette énorme difficulté, mais, par l'art exquis avec lequel il a gradué ses moyens d'action, il a fait plus : un moment nous avons eu pitié, nous avons plaint cette femme. Ah ! puisqu'il était capable d'un aussi prodigieux effort dramatique, que ne l'a-t-il employé au développement réel de son idée ? car cette étonnante scène amène un énorme contre-sens : en effet, si l'auteur voulait prouver qu'étant traître à la famille, on le devenait à la patrie, il n'aurait pas dû faire de Karloo, amant de Dolorès, l'ardent patriote qui tuera sa maîtresse pour venger le pays vendu par elle.

VII

CINQUIÈME TABLEAU

Rysoor et Karloo attendent les conjurés dans l'intérieur de l'Hôtel de ville ; là est le cœur de la patrie ; c'est donc de là qu'ils s'élancent pour la sauver, et Rysoor, que la mort peut frapper dans la lutte, ouvre son cœur à Karloo et, l'appelant son fils, lui confie ses dernières volontés, quant à un signe fatal, il reconnaît que cet homme est l'amant de sa femme. « Je suis un misérable, tue-moi, » dit Karloo tombant à ses genoux ; et Rysoor va frapper; mais se souvenant que le bras de cet homme peut sauver le pays, il oublie son honneur outragé, et immolant sa juste vengeance, il s'écrie : « Relève-toi et prends cette épée !.... tu m'as pris l'honneur ! rends-moi la liberté !... une femme !.... rends-moi la patrie ! » Oh ! l'admirable scène ! tressaille dans ta tombe, Corneille, père du vieil Horace, Rysoor est de ta famille ! Les chefs du complot sont réunis, et Karloo est à leur tête ; soudain les clairons sonnent, mille cris de guerre retentissent et les Espagnols apparaissent. En vain les Flamands surpris se défendent-ils héroïquement, le nombre les accable; ils sont désarmés, et cent fusils menacent leur poitrine, quand le duc d'Albe suspend l'exécution et commande à Jonas de donner le signal qui maintenant va perdre le prince d'Orange. Les conjurés supplient à genoux Jonas de ne pas trahir ainsi la patrie, et le pauvre homme, qu'on entraîne, répond : « Ils me tueront, et j'ai femme et enfants. » O héroïsme ! voici qu'il sonne le glas funèbre auquel les Flandres devront leur liberté ! Un cri de joie échappe aux prisonniers. « Par l'enfer ! arrêtez cet homme !.... tuez !.... tuez !... mais tuez donc ! » s'écrie le duc. Un coup de feu retentit, et on apporte sur la scène le corps sanglant de la victime. Une immense émotion s'empare de nous, car nous pleurons non-seulement Jonas, mais en lui tous les martyrs inconnus d'une grande cause! Mille applaudissements retentissent ! Applaudis, public ! applaudis encore ; jamais l'auteur ne l'a mieux mérité qu'en nous montrant le gentilhomme sacrifiant son honneur et le peuple sa vie pour ton salut, ô Patrie !

VIII

SIXIÈME TABLEAU

Tout le commencement de ce tableau est très-remarquable; mais il ne se rattache malheureusement en rien à la patrie. Dans la vaste galerie qui mène au Tribunal du sang, Dolorès, sacrifiant son mari, demande au duc d'Albe la grâce de Karloo. D'où vient que cette scène, au lieu d'une pénible sensation, nous fait éprouver je ne sais quel attendrissement? C'est que l'auteur, fécond en ressources, introduit Rafaële, et nous oublions l'adultère en voyant cette jeune fille, ange de bonté, implorer la clémence de son père pour quiconque est condamné; le duc cède, car il met en cette adorable enfant sa joie, son bonheur, sa vie, comme si Dieu ne l'avait envoyée ici-bas que pour lui en faire sentir plus cruellement la perte, à l'heure du châtiment. Dolorès triomphante veut sortir, mais elle recule terrifiée à la vue de ceux qu'elle a livrés; soudain elle aperçoit Rysoor et, ne sachant où cacher son infamie, elle s'enfuit éperdue. A la femme criminelle qui sacrifie tout à la passion et ne peut échapper à ses remords, l'auteur oppose l'homme d'honneur, Rysoor, trouvant un secours dans ceux même qui le conduisent à la torture; en effet Rincon, touché de pitié, offre un poignard au comte et celui-ci l'accepte, dans la crainte que son corps vaincu par la souffrance ne vienne à le trahir. Karloo entre en cet instant, refuse pour lui toute grâce et veut le dire au Duc d'Albe, mais Rysoor l'arrête. — Karloo: « Laisse-moi mourir, c'est le bourreau » qui te venge. — Rysoor: Et si je ne le veux pas? — Karloo: Je » suis si près de la mort que les misères et les folles passions » de cette vie me semblent un rêve prêt à s'évanouir; laisse- » moi donc cette joie suprême de l'oubli et du pardon... » pour toi... pour elle et pour tous! tous, non; car il y a » parmi nous un infâme qui a surpris tous nos secrets pour » les vendre; trouve-le, demasque-le, Karloo, et quand tu le » tiendras à la gorge, écrase-le sans pitié: tu ne venges pas » seulement la patrie crucifiée par lui, frappe, mon fils, tu » la défends, frappe encore, tu la sauves. » Tout cela est noble, grand et admirablement dans la situation; en effet, on entraîne Rysoor, qui, victime d'un dernier devoir, résume toute sa vie en s'écriant: « Patrie! » et meurt. Cette scène est saisissante; pourquoi donc nous laisse-t-elle dans une immense désillusion? C'est que, nous le sentons, Rysoor personnifie la patrie, et, lui mort, le drame est achevé.

IX

SEPTIÈME TABLEAU

La pièce est finie, et pourtant le public attend, car il sait que le drame est un grand justicier.

Le peuple terrifié se presse sur une des places de la ville pour voir passer les condamnés ; hélas! pourquoi le dramaturge ne nous a-t-il pas montré, mêlée à l'effroi général, l'espérance que chacun conserve au fond du cœur? Rafaële, que son père avait voulu éloigner, est revenue sur ses pas à la vue des gens pendus à la porte de la ville. Cette foule en deuil lui fait pressentir quelque nouvelle catastrophe; elle interroge ceux qui l'entourent, chacun la trompe; elle attire alors un enfant qui lui apprend l'horrible vérité ; saisie d'horreur, elle s'affaisse et meurt entre les bras de Karloo. Le sinistre cortége s'avance. « Pourquoi pleurent ces femmes? dit le duc, je défends qu'on pleure ! » — « Une jeune fille est morte dans cette maison » répond Vargas qui a tout appris. — « Une jeune fille... Dieu a de terribles armes, murmure le duc se découvrant, laissons-les pleurer, Vargas, laissons-les pleurer leur fille ! » Cet effet de scène est puissant, mais n'était-il pas plus digne du grand talent de l'auteur de nous montrer ce père foudroyé par le châtiment, non pas dans une scène toute de cris et de sanglots, mais en développant sous un nouveau jour le caractère du duc d'Albe, une des plus curieuses figures du seizième siècle. Nous avons vu le courroux céleste frapper le criminel et cependant la pièce n'est pas encore achevée : c'est qu'un troisième dénouement est nécessaire, l'auteur n'ayant pas fondu suffisamment dans l'idée mère sa triple action. Il prépare admirablement ce final par les injures que chacun des condamnés adresse à Karloo et par les révélations de la Trémouille sur la femme qui a livré le secret de la conjuration. Il faut bien achever la pièce qui roule sur l'adultère, et voilà pourquoi le public attend toujours.

X

HUITIÈME TABLEAU

Il s'agissait dans ce tableau de nous montrer un amant égaré par la fureur, poignardant la maîtresse qui l'a indignement trahi, puis, fou de douleur, se tuant lui-même.

Une telle scène, adaptée à un sujet *ad hoc*, est des plus dramatiques ; mais que nous importent cette passion, cette discorde, ce meurtre et ce suicide, quand nous voyons des millers de victimes qui meurent glorieusement pour leur patrie, quand nous entendons les plaintes, les soupirs, le râle de tout un peuple qui agonise ? L'auteur, découvrant l'écueil, l'a habilement tourné.

En effet, lorsque Karloo, subjugué par l'envahissant amour de Dolorès, va tout oublier, il est rappelé à la réalité par le funèbre roulement des tambours ; lorsqu'il découvre que la trahison de cette femme a élevé le sombre bûcher, il s'entend maudir par les victimes qui y montent, et lorsqu'il tue sa maîtresse, il est sinistrement éclairé par les flammes dans lesquelles il se précipite éperdu. C'est ainsi que l'auteur, faisant sans cesse dominer la scène qui se passe sous nos yeux par le spectacle grandiose qui a lieu dans la coulisse, nous arrache mille applaudissements pour ce splendide hors-d'œuvre de *Patrie*.

Ce drame, en dépit de nos critiques, est un des plus remarquables de ces dix dernières années ; jamais l'auteur n'a montré plus de qualités, déployé plus de talent, fait voir plus de science dramatique que dans cette pièce ; tous les défauts que nous avons dû signaler provenant d'une même cause, concluons en disant :

Le jour où M. Sardou, moins pressé de produire, tirera son action dramatique de l'idée même qu'il aura choisie, et, plus sévère pour son style, l'élèvera à la hauteur de sa puissance scénique, ce jour-là, dis-je, il enrichira notre littérature d'un chef-d'œuvre nouveau ; certes, vous le pouvez, Monsieur, et puisqu'il s'agit ici de patrie, n'est-ce pas pour vous un devoir envers la nôtre, d'ajouter un fleuron, une perle, au glorieux diadème que l'art lui a placé sur le front.

XI

Diriger un théâtre n'est pas seulement une affaire commerciale, c'est remplir un véritable sacerdoce dans l'art par l'influence qu'on exerce sur le public, les auteurs, les artistes et l'immense foule de gens qui vit de la scène ; un pouvoir si étendu rend donc ceux qui en jouissent justiciables de la critique. La direction du théâtre du Châtelet ne pouvait choisir mieux le moment de reprendre le beau drame de *Patrie!* La force prime le droit, pensait aussi le duc d'Albe, et cependant ces provinces, qu'il croyait avoir soumises à jamais, recouvraient leur liberté quelques années plus tard. Rappeler ce souvenir lorsque la douleur nous accable, c'est nous consoler en raffermissant notre espérance.

Patrie! nous est offert dans l'admirable cadre de splendides décors où il parut pour la première fois la mise en scène ne laisse rien à désirer et le défilé seul des condamnés mérite qu'on aille au Châtelet ; ce n'est pas un cortége banal de féerie ou de revue, mais tout le seizième siècle passant devant nos yeux : princes et capitaines, bourgeois et manants, hallebardiers et lansquenets, pénitents et bourreaux, tous costumés avec la plus historique exactitude.

Cette reprise offrait un grand obstacle, car parmi des artistes créateurs, tous comédiens de grand mérite : MM. Berton, Laurent ; MM^mes^ Fargueil, Rousseil, Léonide Leblanc se trouvaient engagés sur d'autres scènes, et le pauvre Charles Lemaître était mort à la fleur de l'âge et dans l'épanouissement de son talent ; reconnaissons que l'administration, par un intelligent choix de nouveaux interprètes, a vaincu cette énorme difficulté.

Nous applaudissons donc et à la reprise de *Patrie!* et à la mise en scène et aux choix des artistes, et nous nous réjouissons de l'immense succès que cette œuvre obtient, car les bénéfices réalisés permettront à la direction de monter dans quelques mois une œuvre nouvelle qui, nous l'espérons, sera digne, par son mérite et son importance, de la vaste scène dont dispose le Châtelet.

XII

L'interprétation agit d'une façon si singulière sur une œuvre dramatique, qu'elle change parfois non-seulement le caractère d'un rôle, mais le genre même de la pièce, comme cela a eu lieu pour *l'Auberge des Adrets*, sombre mélodrame que Frédérick-Lemaître, par la puissance de son jeu, transforma presque en un vaudeville ; de là l'extrême importance de l'analyse du jeu des acteurs dans un compte rendu théâtral. Tout artiste dramatique pouvant modifier sa manière en quelques heures, il serait puéril dans ce journal de faire une critique de détail, car, tel reproche qui serait juste aujourd'hui pourrait le lendemain se trouver complétement erroné. Nous indiquerons donc le sens général de l'interprétation et, par là même, rendrons sensibles aux spectateurs et aux artistes les défaillances partielles. Reconnaissons du reste qu'elles sont rares dans *Patrie !*

M. DUMAINE est toujours l'excellent comédien que nous avons tous applaudi. Dans Rysoor, il semble être un bourgmestre sorti de son cadre flamand ; son geste est simple et digne et son admirable voix nous met dans le cœur tous les nobles sentiments qui l'agitent ; pour tout dire en un mot, Rysoor est une de ses plus belles créations.

M. DESHAYES, par l'art exquis avec lequel il joue le romanesque personnage de Karloo, s'empare de nous dès la première scène, dans laquelle il détaille admirablement les sentiments successifs de crainte, de remords, d'amour et de dévouement qu'il éprouve, et son succès va croissant jusqu'au dénouement, où il est merveilleux d'égarement dans la passion.

M. CHARLY est un parfait duc d'Albe : son attitude est imposante, son geste nerveux et cassant est bien celui d'un homme auquel rien ne résiste, et sa voix parfois un peu rude, mais le plus souvent impérieuse et sèche, fait frissonner. Je crois que peu d'artistes pourraient le remplacer dans ce rôle important.

M. ANGELO est le plus charmant, séduisant, ravissant la Trémouille qu'on puisse imaginer, et non-seulement le petit-maître en lui est parfait, mais le gentilhomme a presque toujours la hauteur du verbe qu'on doit attendre du cousin du roi Charles IX.

M. LATOUCHE, dans le personnage de Rincon, dit avec beaucoup de naturel le récit du premier tableau, et joue le plus sympathiquement du monde: la scène dans laquelle il offre un poignard à Rysoor.

M. L. NOEL sait allier à la simplicité que demande le rôle de Jonas, la naïveté pleine de finesse qu'il exige et chaque jour il est plus remarquable.

M. DONATO, dans Noircarmes, est un bien beau bandit.

MM. JOUANNI et d'ANJOU, représentant Vargas et Delrio, sont aussi farouches et sombres qu'il est possible de l'être; disons en passant que l'auteur n'a pas suffisamment diversifié ces rôles; que n'a-t-il fait de l'un d'eux un cynique!

MM COULOMBIER et GUIMIER, l'un dans le prince d'Orange et l'autre dans maître Alberti, ont la tenue et l'autorité qui conviennent à leur personnage.

Mlle DUGUÉRET a admirablement compris et interprété le rôle de Dolorès, le jouant en dedans lorsqu'elle se trouve en présence de Karloo, et en dehors dans toutes les autres scènes; de ce contraste, son artistique nature a tiré de merveilleux effets qui lui ont valu mille applaudissements.

Mlle JEANNE-MARIE tire tout le parti possible d'un personnage épisodique, de dona Rafaële; elle se révèle surtout dans la scène où, paraissant s'évanouir, elle arrache la grâce de Karloo. On ne saurait être plus attendrissante.

Mme LACROIX remplit le rôle de Sarah Mathisoon, qui a vu assassiner son mari, brûler son fils, violer sa fille; insatiable de vengeance, n'attendant de ses juges ni pitié ni pardon, elle se présente donc presque échevelée, l'œil hagard et mugissant l'imprécation; son succès est immense.

Mlle THÉOL apparaît; tous les cœurs volent vers elle; chacun, oubliant le drame, admire sa grâce et sa beauté; mais elle se jette aux genoux de Noircarmes, dit trois mots et les larmes perlent à tous les yeux; bravo, Josuah Koppestook deviendra grand.

Complétons cette trop longue étude en disant que tous les artistes, sans exception, ont fait vaillamment leur devoir.

Que tous ceux qui aiment le théâtre aillent donc voir ce spectacle si remarquablement ordonné, applaudir ce drame rempli des plus émouvantes péripéties, se retremper enfin dans les généreux et nobles sentiments que cette œuvre inspire. Puisse ainsi la foule, sans cesse renouvelée, rendre *Patrie!* plusieurs fois centenaire.

STUDEO.

2921 Paris. — Typ. Morris Père et Fils rue Amelot, 64.

www.ingramcontent.com/pod-product-compliance
Lightning Source LLC
LaVergne TN
LVHW021531140926
848035LV00047B/1292